まちたんけんの とき 地しんが きたら

- 大人の ちゅういを よく 聞く。
- 学校や 広い 場しょに にげる。
- 海の 近くに いる ときは できるだけ 高い 場しょに にげる。
- ブロックべいから はなれる。
- 切れたり たれ下がったり した 電線に さわらない。

手あらい うがいを する

- 生きものや しょくぶつを さわった 後は 手を あらう。
- 外から 帰ったら 手を あらって うがいを する。

人の じゃまに ならないように する

- 道は よこに 広がって 歩かない。
- 大声を 出さないように 気を つける。
- ふざけながら 歩かない。
- めいわくを かけたら あやまる。

あいさつを きちんと する

- まずは「こんにちは」と あいさつを する。
- 「わたしたちは ○○小学校の ○年生です。生活科の じゅぎょうで まちを たんけんして います」と もくてきを つたえる。
- 「お話を うかがっても いいですか?」と あいての つごうを 聞く。
- さいごは「ありがとうございました」と おれいを 言う。

みんなで きょう力を する

- 一人で かってに ほかの 場しょへ 行かない。
- より道を しない。
- こまった ことが あったら 友だちや 大人に 言う。
- グループから はなれて しまった 友だちが いたら 声を かける。

どきどき
わくわく
まちたんけん
図書かん・公みんかん・
じどうかんほか
若手三喜雄／監修

監修のことば

2年生になると、みなさんは生活科でまちたんけんにでかけますね。この授業のねらいは、大きく5つあります。

- まちのじまんできるところや、すてきな人をたくさん見つけること
- まちにあるしぜんやお店、施設、くらしている人が、自分の生活とどう関わっているのか知ること
- まちの人にたくさん話しかけて、人とのつながりを大切にすること
- 道路などのきけんな場しょで、安全な行動がとれるようになること
- まちに住むひとりとして、自分に何ができるか考えること

「どきどき　わくわく　まちたんけん」のシリーズは全5巻です。
『公園・はたけ・田んぼ ほか』では、身のまわりの自然がある場所をたんけんします。
『わがしのお店・パンのお店・コンビニエンスストア ほか』と『花のお店・本のお店・クリーニング店 ほか』では、まちにあるお店に出かけます。
『図書かん・公みんかん・じどうかん ほか』と『交番・えき・しょうぼうしょ ほか』では、施設に行ってまちを支える仕組みに気づきます。

ひとりの力で見つけられるものにはかぎりがありますが、友だちと力を合わせれば、たくさんの発見ができます。このシリーズに登場する4人組のたんけんたいが気づいたことや、発表の仕方などを参考にしてみてください。
まちたんけんの授業が終わったあとも、人とのつながりをずっと大切にしていければ、あなたの住むまちが居心地のよい“心のふるさと”になることでしょう。

若手三喜雄

計画を立てよう！

みんなの おすすめの ところに 行って みたいわ！

北見まな

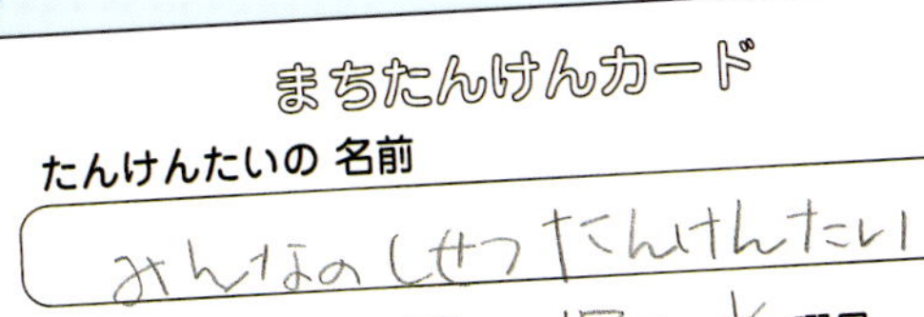

まちたんけんカード

たんけんたいの 名前：みんなのしせつたんけんたい

たんけん する日：5月 17日 水曜日

しゅっぱつする 時こく 10時00分 → 帰ってくる 時こく 11時10分（ぜったいにまもる）

たんけんたいの やくわり

- リーダー（北見まな）
- ふくリーダー（東かずき）
- 時計がかり（西田こうた）
- カメラがかり（南あかり）

行きたい 場しょ

- ★ようち園・ほいくしょ
- ★じどうかん
- ★公みんかん

もちもの

- 水とう
- かくもの
- ぼうはんブザーやふえ
- 時計（こうたくん）
- カメラ（あかりちゃん）

たんけんたいの やくそく

- グループからはなれない。
- 車に気をつけて歩
- しせつを つかう人のじゃまをしないようにする。
- しせつに入ったらしずかにする。

こまった ことが あったら 大人に たのんで 学校に 電話しよう。 金星小学校：○○-○○○○-○

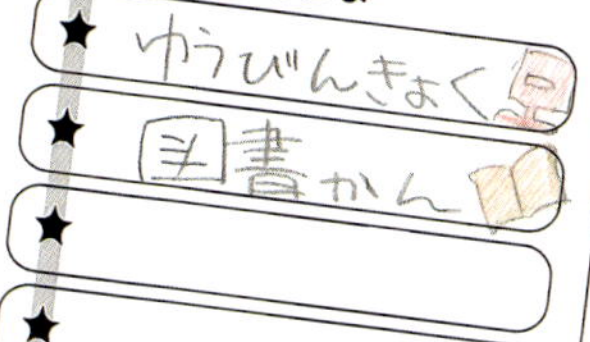

まちたんけんカード

たんけんたいの 名前：みんなのしせつたんけんたい

たんけん する日：5月 18日 木曜日

しゅっぱつする 時こく 10時00分 → 帰ってくる 時こく 11時10分（ぜったいにまもる）

たんけんたいの やくわり

- リーダー（北見まな）
- ふくリーダー（東かずき）
- 時計がかり（南あかり）
- カメラがかり（西田こうた）

行きたい 場しょ

- ★ゆうびんきょく
- ★図書かん

もちもの

- 水とう
- かくもの
- ぼうはんブザーやふえ
- 時計（あかりちゃん）
- カメラ（こうたくん）

たんけんたいの やくそく

- グループからはなれない。
- 車に気をつけて歩く。
- しせつをつかう人のじゃまをしないようにする。
- しせつに入ったらしずかにする。

こまった ことが あったら 大人に たのんで 学校に 電話しよう。 金星小学校：○○-○○○○-○○○○

西田こうた

どこに 行く？

南あかり

人が あつまる 場しょでは どうしたら いいのかな？

何に 気を つける？

東かずき

できた！ わたしたちの まちたんけんカード。

もくじ

やさしい 先生が
いるんだよ。みんなに
しょうかいしたいな。

いつ 行っても 友だちが
たくさん あそんで いるんだ。
楽しい ところだよ！

おじいちゃんが
よく 行くって
言ってた。

ゆうびんきょく……18
ゆうびんはいたつの 車を
まちで 見かけるよ。
ゆうびんきょくの
おしごとを 見て みたいな。
〒郵便局
JP POST
日本郵便
郵便
〒
POST
図書かん……24
学校の 図書室より
大きいのよ。
本も たくさん あるの。
まちのすてきな人……28

たんけんに
しゅっぱつだ！
ようち園・
ほいくしょ
みんな 元気に
あそんで いるわ。
あれれ？
おもちゃの
とり合いかな？

絵本を 読んで
もらって いるね。
いいなあ。
わたしたちが
すわって いた いす
あんなに 小さかったんだ。

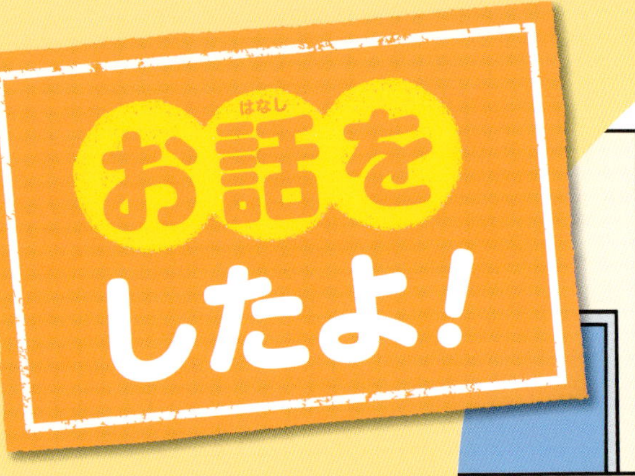

お話をしたよ!

中田さん!
こんにちは!

あら?
あかりちゃんじゃない!
大きく なったわね～。

近じょの 中田さんは
園の 前まで そうじを
して くれて いるのね。

先生 こんにちは!
今日は よろしく
おねがいします!

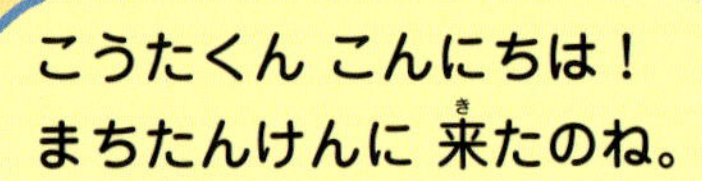

紙ひこうき とばないの?
とばし方の こつを
教えて あげる!

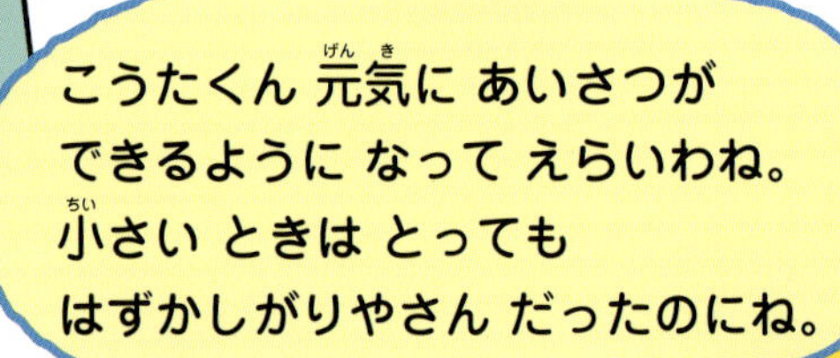

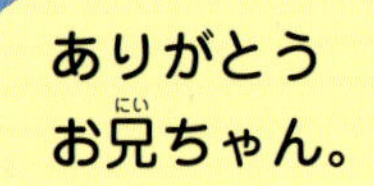

かずきくんは
あそびの 名人なの!

小さな 子が とても 楽しそうに
あそんで いたよ。
ようち園や ほいくしょの
ことを 聞いて みよう！

山川先生は どんな ときに
しかりますか？

みんなが あぶない ことや
いけない ことを して いたら
しかって いるよ。
けがを して いたい 思いを したり
かなしい 気もちに なったり
して ほしくないもの。
そして どうして 先生が しかったのか
わかって もらえるように お話を するわ。

ぼくも 山川先生に しかられた
ことが あるけど
心ぱいして くれていたから
だったんだね。

気を つけて いる
ことは ありますか？

子どもたちの 話を よく
聞くように して いるわ。
この 前 友だちが つくった
すなの 山を こわしちゃった 子が
いたの。よく 聞いたら いじわるでは
なくて もっと 大きな 山に して
友だちを よろこばせたかった ことが
わかったのよ。

理ゆうを 話してから
みんなで つくった 方が
よかったのね。

たんけんに
しゅっぱつだ！
じどうかん
みんな すきな ことを
して あそんで いるよ。
いろいろな
年(とし)の 子(こ)が いるね。

なかよく 絵本を
読んで いる。
おもちゃも
じゅん番に
つかって いるわ。
赤ちゃんも
いるよ。
かわいいね。

つかったことあるじどうかん

じどうかんで バスケットを
して あそんだよ。お兄ちゃんが
教えて くれたんだ。

かずきくんは 上の
学年にも たくさん
友だちが いるんだね。

学校の しゅくだいを
しに 来た ことが
あるよ。

わたしも ある。
その とき 1年生に 足し算を
教えて あげたの。

じどうかんは わたしたちが
楽しく あそべる ところなの。
その ほかにも いろいろな
ことに つかわれて いたのよ。

イベント

りょう理教室
楽しそうだなあ。

ほかにも

きられなくなった ふくなどを もちよって
ひつような 人に もって 帰って もらう
リサイクル活どうを して いる
じどうかんも ある。

交りゅう会

子どもだけで なく 親も
じょうほう交かんが できる
場しょに なって いる。

お父さんや お母さん
同しで いろいろな
お話が できるのね。

ほかにも

じどうかんに よっては ほうか後
親が しごとを して いる 間に
子どもが り用する 学どうクラブが
いっしょに なって いる。

たんけんに
しゅっぱつだ！
公みんかん
歌の
れんしゅうを
して いる
みたい。
あそべる
へやも
あるんだね。

王将
いごだ！
ぼくの
おじいちゃんも
強いんだよ！
ゴミ
近じょの
おばさんが
いるわ。
何の あつまり
だろう？

聞いてみよう

公みんかんには へやが たくさん
あって つかい方も
人 それぞれ みたいだよ。
公みんかんの 人に 聞いて みよう！

公みんかんは
何を する ところですか？

公みんかんは 近じょの 人たちとの
ふれ合いの 場だよ。同じ
しゅみを もつ 人が あつまって
いっしょに 楽しんだり
大切な 話し合いや イベントに
つかったり するんだ。

まちの 人が 大ぜい
あつまれる
場しょなのね。

公みんかんは
だれでも
つかえるのですか？

この まちの 人なら
もうしこめば つかえるよ。
つぎに つかう 人が いるから
つかった 後は ものを
元の 場しょに もどしてね。

みんなで つかう
場しょだから
ルールが あるんだね。

チャレンジ イベントに 行ってみよう！

まつり

てんじ

近じょの おじさんが つくって いた
やきそばが とても おいしかったよ！
5年生の お姉ちゃんが
お手つだいを して いたんだ。
ぼくも 手つだって みたいな。

おばあちゃんと むかしの まちの しゃしんを
見て きたよ。今でも ある マツの 木や
お店を 見つけて うれしかったな。
おばあちゃんが むかしの まちの ことを
たくさん 教えて くれたんだ！

音楽会

いろいろな グループの えんそうや
歌を 聞けて 楽しかったわ。
その とき ことと いう 楽きを はじめて 見たの。

おもちゃづくり

竹とんぼの つくり方を 教わったよ。
ボランティアの おじいさんが
教えて くれたんだよ。

公みんかんの イベントは まちに よって ちがうよ。
自分の まちの 公みんかんの イベントを しらべて みよう！

たんけんに
しゅっぱつだ！

ゆうびんきょく

手紙が
たくさん
あるよ！
おきゃくさんが
来て いるわ。
この きかいは
何かしら。

いろいろあるよ 手紙やはがき

ゆうびんはいたつの 人が とどけて くれた 手紙や はがき。
あつめて みたら 楽しいね。どんな 手紙や はがきが あるかな。

かんたんな あいさつや
お知らせなどを かく。

お正月に おじさんから
年がじょうを もらったよ。

ぼくは 春休みに
あそびに 来た いとこの
お兄ちゃんから！

絵はがき

絵や しゃしんの
ある はがき。

お母さんの
友だちから
とどいたんだって。

りょ行の しゃしんね。
すてきな ところだわ。

手紙

おばあちゃんから
とどいたの。
きれいな 字だったわ。

わたしは いとこの
お姉ちゃんから！
かわいい 切手が
はって あったよ。

つたえたい ことが たくさん かける。

ゆうびんきょくでは たくさんの
人が しごとを して いたわ。

この きかいは
何ですか？

手紙の おもさを はかる はかりよ。
大きさや おもさなどで
りょう金が かわるのよ。
りょう金分の 切手を はるの。
手紙用の ふうとうと びんせん 4～5まいくらいなら
82円の 切手 1まいで
だいじょうぶよ。

きれいな 切手を はって
おばあちゃんに 手紙を
出して みようかな。

何を して いたの
ですか？

はいたつを する じゅん番に
ゆうびんぶつを ならびかえて
いたんだ。これから みんなの
家へ はいたつされるんだよ。

家へ はいたつされるまで
ほかに どんな しごとが
あるのかな？

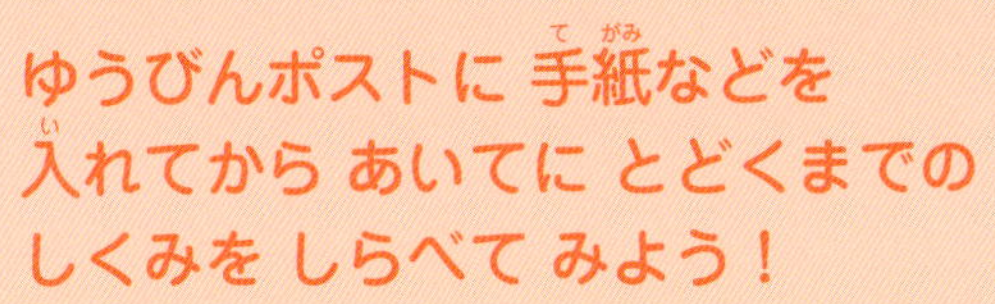

ゆうびんポストに 手紙などを
入れてから あいてに とどくまでの
しくみを しらべて みよう！

※手紙の料金は2017年2月現在のものです。

チャレンジ 手紙やはがきを出してみよう！

だれに
かこうかな？

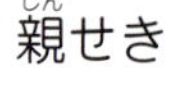

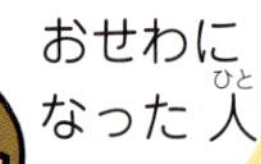

何を
かこうかな？

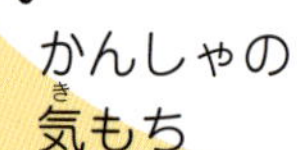

あて名を かいて みよう

ふうとうの おもて

●**ゆうびん番ごう**
正しく ていねいに かく。

●**あいての じゅうしょ**
あいての 名前より 少し
小さい 字で かく

●**あいての 名前**
大きく まん中に かき
さいごに「さま」と かく。

はがきの おもて

180-0000
東京都武蔵野市東久保町二ー十五
八書 一太 さま
京都府宮地市三ー二ー一
手上 見田子
626-0000

●**自分の じゅうしょと 名前**
あいての じゅうしょや
名前より 小さく かく。

ふうとうの うら

京都府宮地市三ー二ー一
手上 見田子
626-0000

●**自分の じゅうしょと 名前**
ふうとうの 場合は うらに かく。
じゅうしょは 名前より 小さい
字で ゆうびん番ごうも
わすれずに かく。

たしかめよう

- 手紙を 入れた 後 のりで ふうを したかな？
- あて名を 正しく かけたかな？
  かきわすれて いる ところは ないかな？
- ふうとうに 切手を はったかな？
- はがきは りょう金が いんさつ されて いるものかな？
  いんさつ されて いなかったら 切手を はろう。

ゆうびんポストに 入れよう

- ポストの 口に 引っかからないように しっかり 入れる。
- ポストの 口が 2つ ある ときは
  どちらに 入れれば よいか 大人に 聞いて おく。
- 雨の 日は ぬれないように 気を つけて もって いく。

ぼくの 中には ふくろが 入って いるよ。
ゆうびんきょくの 人は ふくろごと
もって いって 新しい 空の ふくろを
入れるんだ。

天気の いい 日に
手紙を 出すと ぬれる
心ぱいが ないね。

82円切手で 出せる 手紙

おもさ

25グラムまで（10円玉 5まい分くらいの おもさまで）

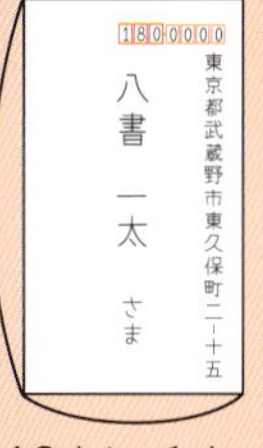

14～23.5
センチメートル

9～12センチメートル

長い 方が
14～23.5センチメートルで
みじかい 方が
9～12センチメートル。

あつさ

1センチメートルまで
（1円玉 半分くらいの
あつさまで）

※手紙の料金は2017年2月現在のものです。

たんけんに
しゅっぱつだ！
図書かん
ごりようのあんない
日本の
えほん
けんさく
みんな とても
しずかだね。
パソコンでも 本が
さがせるみたいだよ。

本の せい理を
して いるみたい。
本の せなかに
シールが はって
あるよ。
本を うけとって
いるね。
自分用の カードを
つくると 本を
かりられるんだって。
武蔵野市共通
図書館カード
貸出資料
返却期日
MUSASHINO PUBLIC LIBRARY
広い つくえで
本が 読めるのね。
おすすめの 本の
コーナーも あるわ。
図書館からのおすすめ本
とりの本

図書かんでは たくさんの 人が
はたらいて いたわ。
図書かんの ことを 聞いて みよう！

本によって しまう
たなは ちがうの
ですか？

図書かんでは 内ようごとに 本を ならべて
いるよ。うちゅうに かんけいした 本の
たなや どうぶつに かんけいした 本の
たななど 同じ たなに にて いる 内ようを
まとめると もくてきの 本を さがしやすく
なるんだ。

さがしやすいように
ならべ方が くふう
されて いるんだね。

こまって いる
ことは ありますか？

ルールを まもって くれない 人が いると
こまるかな。たとえば 本は かりたら
きめられた 日までに かえすと いう ルールが
あるの。ルールを まもらない 人が いると
その 本を 読みたい べつの 人に かすことが
できないのよ。

図書かんには ほかに
どんな ルールが
あるのかしら。

くふうして いる
ことは 何ですか？

本を すきに なって もらいたいから
きせつや 行じに 合わせて
おすすめの 本を しょうかいして いるよ。
読み聞かせ会を ひらいたり 紙しばいを
読んだり する ことも あるんだ。
紙しばいは かし出しも して いるんだよ。

紙しばいって かりられ
るんだ。学校の お楽しみ会に
つかおうかな。

本を みんなに べんりに つかって
もらう ための くふうが
いろいろ あるのよ。

ブックポスト

図書かんが 休みの 日や
あいて いない 時間でも
かえせる。

これなら かえす 日を
まもりやすいね。

書こ

本を しまって おく 場しょ。
書こは 図書かんの 人しか
入れない。かりたい 本が
ある ときは 図書かんの 人に 出して もらう。

いつもは 入れない
場しょにも 本が
こんなに あるのね。

本の 番ごう

本を さがしやすく する
ために 番ごうを つけて
せい理して いる。

読みおわった 後は
元の 場しょに
もどさないと
いけないんだね。

本の 手入れや しゅう理

よごれたり やぶれたり した
本を できるだけ 元の
じょうたいに もどす。

本を 大切に して
いるんだね。

まちの すてきな人

まちの すてきな 人を しょうかい するよ。

ようち園の月田先生と山川先生

月田先生と山川先生は、道で会うといつも声をかけてくれます。小学校へ行ったみんなのことをおぼえていて、ぼくのせがのびたことにも気づいてくれました。ぼくたちが、元気にえがおでいることがとてもうれしいのだそうです。

ずっと 見まもって
くれているんだね。

先生に 教えて もらった
おり紙の ツル
上手に おれるように
なった ことを
つたえたいな。

近じょの中田さん

中田さんは、ようち園のとなりにすんでいます。自分の家の前だけじゃなく、ようち園の前もそうじしていました。みんなが気もちよくすごしてくれたらうれしいと言っていました。中田さんのような人のおかげで、ごみがおちていないことがわかりました。

学校でも 気が
ついたら 黒ばんを
きれいに しようかな。

できるだけ よごさない
ように みんなで
気を つける ことも
だいじかも。

じどうかんの木村さん

木村さんは、バスケットボールがとても上手な6年生のお兄さんです。ドリブルのしかたを教えてくれました。木村さんも2年生のとき、じどうかんに来ていたお兄さんにバスケットボールを教えてもらってうまくなったそうです。

年が ちがう 子とも
楽しく あそべるって
すてきね。

ぼくも できるように
なった ことを
教えて あげたいな。

体いくかんでも
ボールは 元に もどすよ。
ばらばらだと つぎの
人が さがさなくちゃ
いけなくて こまるもん。

校ていの すな場を ほったら
元に もどして いるよ。
あそぼうと したら
ふかい あなが あって
おちそうに なった
ことが あるんだ。

公みんかんの村田さん

村田さんは、公みんかんではたらいています。まちの人がいつでも気もちよくつかえるように、まちの人がつかう前にかぎをあけて、そうじをしたりしています。だから、つかった人が元の場しょに、つかったものをもどすというルールをまもってくれると、とてもうれしいそうです。

公みんかんの小林さん

小林さんは、友だちと公みんかんで、いごをするのがとても楽しいそうです。いごはしたことがなかったけど、小林さんがあそび方を教えてくれたので、ルールがわかりました。また、いごであそんでみたいです。

いごの ことを ぼくは ぜんぜん 知らないから こうたくんに 教えて もらおうかな。

こうたくん 一生けんめい ルールを おぼえようと して いたわ。
だから 小林さんも にこにこしながら いごを 教えて くれたのね。

まちの 中の 人に 手紙や はがきを とどけるのは たいへんな ことよね。
家に とどく分しか 見た ことが なかったから 気が つかなかったわ。

雨の 日も 雪の 日も とどくって すごいな。

ゆうびんきょくの 川田さん

川田さんは、ゆうびんきょくにとどいた手紙を分けるしごとをしていました。手紙がとどくまでは、ほかにもゆうびんぶつのしゅるいを分ける人や、けしいんをおす人、はいたつをする人など、たくさんの人がかかわっているそうです。

図書かんの 森本さん

森本さんは、おもしろい本をたくさん知っていておすすめの本をしょうかいするコーナーをつくっています。本をさがしにきた人に場しょを教えてあげたり、図書かんのつかい方やルールをわかりやすくかいたポスターをはったりもしていました。図書かんや本のことを大すきになってほしいそうです。

まとめ

べんりな しせつや いごこちの よい 場しょには 気もちよく
すごせるように しごとを して くれて いる 人や ルールを
まもって いる 人が いると 気づきました。つかい やすく するための
くふうも たくさん ありました。学校や 家でも どうして 気もちよく
すごせるのか 理ゆうを 考えて みたいと 思います。
また まちたんけんに 出かけて すてきな 人に 会いたいです！

監修／若手三喜雄

共栄大学教育学部教育学科教授
埼玉県生まれ。
川越市内の公立小学校から埼玉大学教育学部附属小学校、所沢市教育委員会、川越市教育委員会、埼玉県教育委員会、埼玉県川越市立仙波小学校校長等を経て現職。生活科の創設当初から様々な実践研究を行い、文部科学省関連の調査研究多数。『生活科の授業方法』（ぎょうせい）『学習のしつけ・生活のしつけ』（教育開発研究所）『新任教師のしごと 生活科 授業の基礎基本』（小学館）など著書多数。

写真
森本章稔
ピクスタ

協力
日本郵便株式会社
武蔵野市立中央図書館

STAFF
イラスト●川下隆／たはらともみ
デザイン・DTP●田中小百合（osuzudesign）
校　正●鈴木喜志子
編　集●株式会社アルバ

参考文献

『あしたへ ジャンプ 新編 新しい生活-下』（東京書籍）

どきどき わくわく まちたんけん
図書かん・公みんかん・じどうかん ほか

初版発行／2017年2月　第2刷発行／2018年4月

監修／若手三喜雄

発行所／株式会社金の星社
〒111-0056　東京都台東区小島1-4-3
TEL 03-3861-1861（代表）
FAX 03-3861-1507
ホームページ http://www.kinnohoshi.co.jp
振替 00100-0-64678
印刷／広研印刷株式会社　製本／東京美術紙工

NDC376　32ページ　26.6cm　ISBN978-4-323-04234-3

どきどき わくわく まちたんけん

シリーズ全５巻　小学校低学年向き
A4変型判　32ページ　図書館用堅牢製本　NDC376

おどろきいっぱいの まちに たんけんに 出かけよう！
この シリーズでは 4人組の たんけんたいが
みの まわりの しぜんが ある 場しょや お店や
しせつに 出かけて たくさんの はっけんを します。
あなたの すんで いる まちと くらべながら
いっしょに さがして みてください。

公園・はたけ・田んぼほか

公園　はたけ　田んぼ
かせんしき　じんじゃ

わがしのお店・パンのお店・コンビニエンスストアほか

わがしのお店　せいか店
パンのお店　コンビニエンスストア
スーパーマーケット

りはつ店　花のお店
本のお店　やっきょく
クリーニング店

図書かん・公みんかん・じどうかんほか

ようち園・ほいくしょ
じどうかん　公みんかん
ゆうびんきょく　図書かん

交番・えき・しょうぼうしょほか

やくしょ　交番
えき　ろう人ホーム
しょうぼうしょ